AF503476

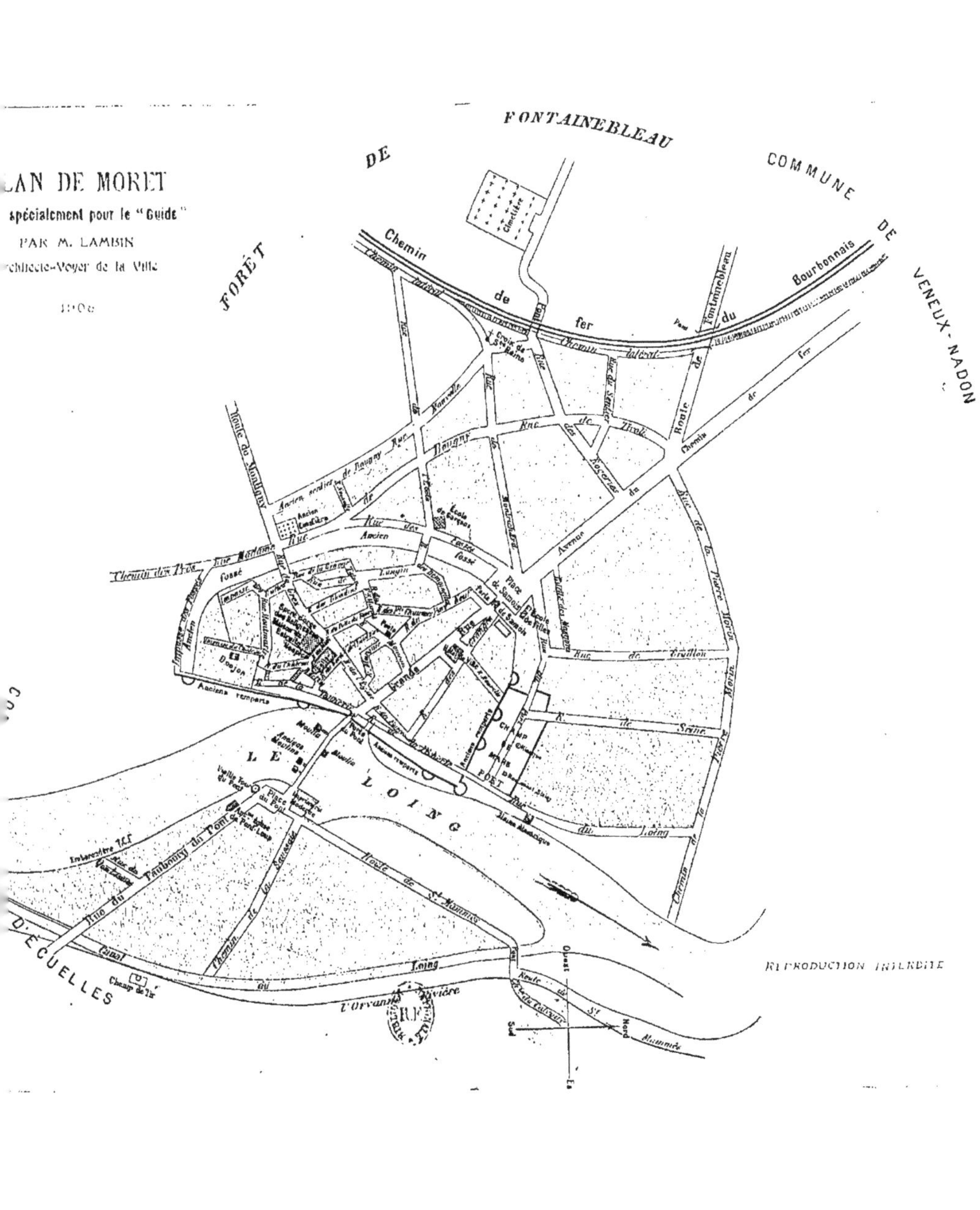
PLAN DE MORET
spécialement pour le "Guide"
PAR M. LAMBIN
Architecte-Voyer de la Ville
1906
FONTAINEBLEAU
FORÊT DE
COMMUNE DE VENEUX-NADON
Chemin de fer
Bourbonnais
Chemin de fer latéral
Route du Montigny
Chemin des Près
LE LOING
D'ÉCUELLES
Donjon
Anciens remparts
Place du Pont
Faubourg du Pont
Route de St Mammès
Loing
l'Orvanne Rivière
R. F.
REPRODUCTION INTERDITE
Nord
Sud
Est
Ouest

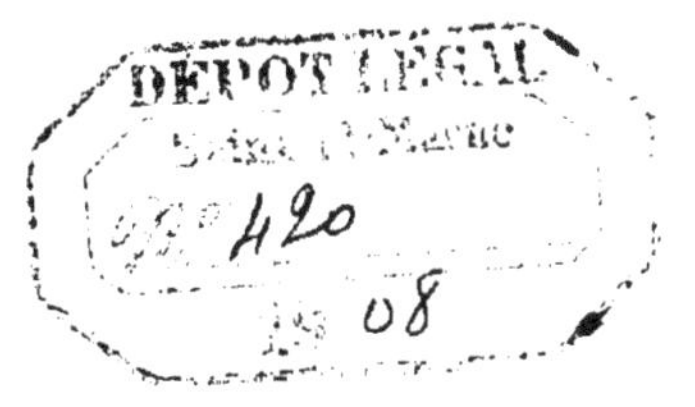

Guide

de

Moret=sur=Loing

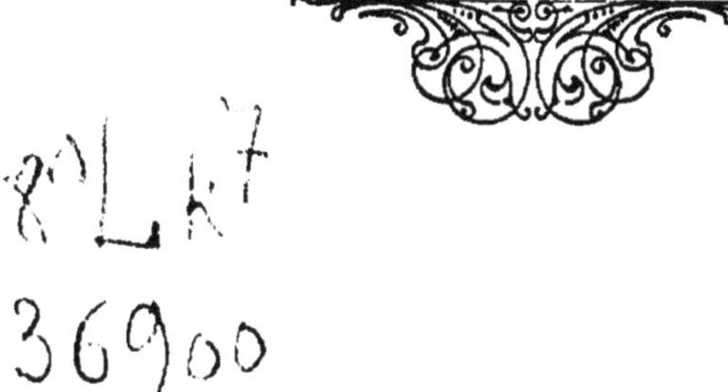

Moret, le 12 août 1908.

Cher Monsieur Bellanger,

Vous avez bien voulu me communiquer le Guide *que vous avez l'intention de faire paraître prochainement. En retour, je vous dois mon avis sur cette publication.*

La propagande par l'écrit se développe partout. Dans les Comités, *dans les* Associations commerciales et industrielles, *chacun s'évertue à faire valoir les beautés de son pays et à y attirer le public. Pourquoi la ville de Moret resterait-elle en arrière ?*

Il n'est pas nécessaire qu'un Guide *comme le vôtre soit un modèle d'érudition ; il suffit qu'il renseigne le lecteur sur les ressources qui s'offrent à sa curiosité et qu'il soit d'un format commode. C'est le but, dites-vous, que vous avez cherché ; ai-je besoin d'ajouter que vous l'avez atteint ?*

Tout voyageur qui descend à Moret a l'impression d'un pays aimable et accueillant ; il n'y rencontrera peut-être pas de fortes émotions, mais il y éprouvera un réel sentiment de bien-être, de joie calme et reposante. Ce coin de terre est décidément à souhait pour servir de villégiature. C'est avec raison que vous l'avez fait ressortir.

*Comme Maire, comme Conseiller général, comme Président de l'*Association du commerce et de l'industrie, *je vous félicite de votre heureuse initiative.*

Bien à vous,

G. LIORET.

Avertissement de l'Auteur

Depuis quelques années, par suite de l'épuisement d'un intéressant petit ouvrage "MORET ILLUSTRÉ", édité par mon prédécesseur, M. Féjard, un *Guide* à l'usage des touristes m'a été souvent demandé.

Je me propose aujourd'hui de satisfaire à ce désir.

N'étant pas très ancien dans la ville, je n'avais d'autres moyens à ma disposition que de réunir tous les ouvrages déjà écrits sur Moret, les lire attentivement, noter les passages répondant au but à atteindre, les placer dans un ordre convenable et, par un lien commun, en former un tout présentable.

Le présent *Guide* n'est donc pas un travail nouveau où l'on trouvera des documents inédits. Comment faire, quand déjà de nombreux et bons auteurs vous ont précédé.

Un historien consciencieux ne crée pas l'histoire qu'il écrit, mais réunit et coordonne les faits qui viennent à sa connaissance pour les présenter d'une façon claire et attrayante. Certes, je n'ai pas la prétention d'être un historien dans le sens propre du mot ; je voudrais seulement résumer, d'une manière utile et précise, ce que mes devanciers ont déjà dit sur l'histoire de Moret. Le lecteur sera juge de mon travail qui est destiné aux visiteurs de la cité morétaine.

Tenant à faire de mon mieux, outre les ouvrages dans lesquels j'ai puisé, je me suis adressé à différentes personnalités de la ville, pour leur demander renseignements et conseils. Je considère donc comme un devoir de remercier ici MM. Lioret, Lesage, Bellier et Labourel de l'obligeance qu'ils m'ont témoignée en m'éclairant de leur savoir et de leur expérience et en me fournissant des renseignements que les livres ne pouvaient me donner.

Je ne doute pas que ce *Guide* ne contienne beaucoup de lacunes et qu'il paraisse insuffisant aux personnes désirant être renseignées sur les détails de l'histoire de Moret, mais je répète que j'ai fait ce *Guide* à l'usage du touriste qui vient passer quelques jours ou quelques semaines à Moret et auquel le temps manque pour rechercher les choses les plus intéressantes.

L'AUTEUR.

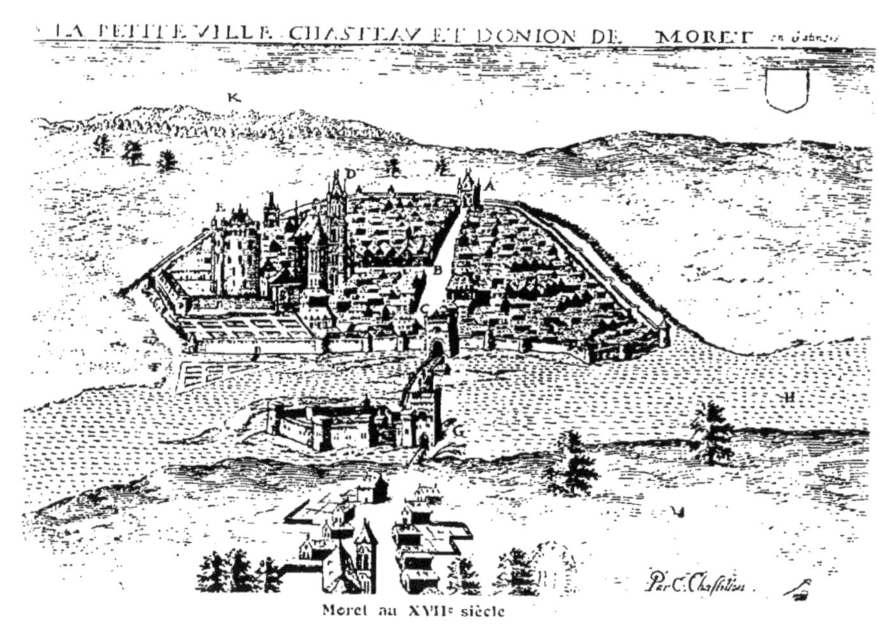

Moret au XVIIe siècle

MORET-SUR-LOING

SITUATION

'ANTIQUE ET ROYALE CITÉ DE MORET [1] est aujourd'hui une pittoresque petite ville de 2.216 habitants, agréablement située sur les bords charmants de la paisible rivière le Loing.

Son territoire, d'une superficie de 455 hectares, est limité par les communes d'Écuelles et Épisy à l'est, Veneux-Nadon et Avon à l'ouest, Montigny et la forêt de Fontainebleau au sud, Saint-Mammès et la Seine au nord. Il renferme 687 maisons, dont le nombre s'accroît chaque jour.

Moret est desservi par les lignes de Bourgogne et du Bourbonnais, dont l'embranchement se trouve à 1 kilomètre de la ville, sur le territoire de Veneux-Nadon. Sa distance de Paris est de 67 kilomètres par voie ferrée et de 70 kilomètres par la route.

Sa situation géographique est de 0° 52' longitude Est du méridien de Paris.

Le canal de Briare, rejoignant la Loire à la Seine, et la rivière l'Orvanne se jettent dans le Loing en

---

(1) *Histoire de Moret,* par l'Abbé POUGEOIS (En vente à l'Imprimerie).

aval du pont de Moret. Le Loing se jette dans la Seine à 2 kilomètres de Moret, à Saint-Mammès.

Moret est traversé par la grande route nationale n° 5 bis, de Paris à Genève.

Tout, dans Moret : sa situation à proximité de la forêt de Fontainebleau, la configuration accidentée de son sol, son entourage de collines boisées ou largement cultivées, son éloignement de tout centre industriel et de toute usine malsaine, en font un lieu de séjour sain autant qu'agréable, où règne une tranquillité qui charme et captive les nombreux touristes et artistes français et étrangers que son nom et ses souvenirs historiques attirent.

Peintres, dessinateurs, photographes s'évertuent chaque année, dès le retour des beaux jours, à reproduire l'ensemble ou les détails de la ville et de ses environs ; l'archéologue interroge les pierres de ses monuments séculaires et s'étonne de leur conservation ; l'historien, assis sous les frais ombrages des bords du Loing, dévore son histoire et reste surpris devant tant de calme et de tranquillité après tant de bruit et d'agitation ; le touriste philosophe goûte tour à tour le charme reposant des tableaux champêtres que chaque heure, chaque minute, présentent à ses yeux et y puise le repos nécessaire à ses nerfs fatigués du mouvement des grandes villes ; le placide pêcheur puise à pleine ligne, dans sa claire rivière, goujons, truites et brochets.

Dans un précédent petit ouvrage, épuisé, sur Moret, Monsieur Georges LIORET, Conseiller général, aujourd'hui Maire de Moret, faisait des charmes de Moret un tableau qui, par sa grâce, mérite de revivre en entier.

✤ A MORET ✤

SUR LE PONT

> Moret est une petite ville size sur la rivière
> de Loing, prez du lieu où elle se descharge
> dans la rivière de Seine ; elle est d'une
> assiette assez forte et bien bastie de belles
> maisons, et enceincte de hautes murailles
> avec profonds fossez en talus de grosses
> pierres de grez ; il y a une forte et antique
> tour de forme quarrée du costé de Bour-
> gongne.
>
> DOM MORIN, *Histoire du Gastinois.*

Un mien parent, poète à ses heures, m'écrivait un
jour :

> J'aime Moret, la vieille ville,
> J'aime son pont et ses moulins,
> Et ses glacis, où l'eau sautille,
> En modulant de gais refrains.
>
> J'aime ses portes d'un autre âge,
> Qu'édifièrent nos aïeux,
> Sentinelles au dur corsage,
> Bravant les quatre vents des cieux.
>
> Impassibles, elles contemplent,
> Sur leurs assises de granit,
> Les foules que les temps enfantent
> Et qu'ils dévorent sans répit.

C'est qu'il connaît son Moret, mon parent ; morétain
lui-même, il ne sait résister à ses attraits. Pour un
peu, il lui chuchoterait de ces mots d'amour dont une
ville à l'air de sourire, comme une femme. Tout lui

prend l'âme dans la jolie petite ville, tout, depuis les pierres des vieilles murailles qui lui rappellent les ancêtres, jusqu'aux mottes de terres du pays où il est né. Ne prétend-il pas qu'il suffit de venir à Moret pour comprendre ce que signifiait la *Chanson de Roland* quand elle parlait de « France la doulce.»

Je voudrais dire ici la cause de cet ensorcellement que subissent aussi les artistes, les peintres, les passants eux-mêmes, si peu qu'ils soient capables d'admiration pour les paysages où les œuvres de l'homme se mêlent à celles de la nature.

C'est à cette forme d'admiration, en effet, que se rapportent les sentiments qu'inspire la vue de Moret.

Allez, par un beau jour, muser sur le pont, vous aurez devant vous la plus délicieuse des rivières.

Après avoir promené ses eaux tranquilles à travers les prairies plantées de peupliers, elle s'avance sous un ciel léger, cheminant entre les roseaux et les arbres de la berge, caressant au passage quelques îlots couverts de frêles ramures et bordés de nénuphars aux feuilles étalées comme des disques où l'eau scintille en perles.

La masse liquide s'approche ; elle arrive. Trouvant la route barrée par les chausées, elle s'élargit comme un lac, épousant lentement toutes les formes des obstacles rencontrés.

Elle se rompt tout-à-coup et se brise ; ici en myriades d'étincelles sous les roues des moulins et l'eau battue, sortant d'une sombre arcade, s'échappe comme d'une gueule énorme ; là, avec fracas, sur les larges glacis d'où elle tombe en cascatelles, en broderies, en tourbillons d'écume pour venir heurter les piles du pont de ses flots pressés.

L'utile aussi a son charme. Le Loing, pour être joli n'en est pas moins laborieux et vaillant : après avoir fertilisé les prés, il sert encore à faire tourner des roues, à réduire le grain et moudre le blé.

Du haut du pont, suivez le fil de l'eau ; regardez couler les branchilles, l'insecte qui se débat, les feuilles tournoyantes en forme de cœur ou prolongées en fer de lance, les joncs desséchés retenus par le pertuis ou les vannages aux pilotis moussus ; voyez, dans l'eau transparente, les longues chevelures serpentines et ondulantes des herbes aquatiques. Bientôt votre regard sera entraîné lui-même à la dérive comme tous ces objets flottants : vous vous laisserez fasciner par le courant, symbole de la vie qui passe sans jamais remonter a sa source. Et vous éprouverez cette naïve mais réelle et intime jouissance que procure la beauté des eaux claires et courantes.

Voyez-vous ce reflet luire dans l'onde ? c'est un poisson qui se joue de l'appeau. Il refuse malicieusement de se laisser prendre ; il rase l'hameçon. L'homme à la ligne n'en tient pas moins son bras tendu et son regard fixé. Heureux homme ! il est exempt au moins de deux passions humaines, l'impatience et la colère.

Dégagez-vous maintenant de l'attraction de l'eau, élevez vos yeux, vous contemplerez un admirable tableau, un de ces sites pour lesquels la nature a vidé son écrin, un de ces ensembles, si je puis dire, formé d'une porte de ville, d'une église gothique et d'un donjon féodal, comme on en trouve dans les œuvres de Poussin et de Claude Lorrain.

Voici la *Porte du Pont* dont les murs, qui ont servi longtemps de prison, ont une épaisseur de forteresse. Sa conservation est telle qu'elle demeure comme un modèle de l'architecture militaire du XIIImᵉ siècle. Avec son entrée en double arcade ogive percée de deux meurtrières et sa fenêtre grillée, avec son toit haut, conique, miroitant sous l'écaille bleue des ardoises, elle ne laisse pas de produire un effet impressionnant et singulièrement pittoresque.

Sans doute elle est extérieurement moins élégante que sa congénère la *Porte de Samois,* encore ornée de ses deux échauguettes, pareilles à des casques de guerriers ; vénérons-là pourtant, notre *Porte du Pont,* car c'est elle qui a supporté le plus d'assauts « du costé de Bourgongne ».

Pendant le XIVmᵒ et le XVmᵒ siècle, la ville eut beaucoup à souffrir. Tombée au pouvoir des Anglais, elle fut reprise par les troupes de Charles VI. Prise de nouveau en 1420 par le roi d'Angleterre Henri V, allié au duc de Bourgogne, le roi de France Charles VII put, seulement en 1430, y établir son quartier général. C'est à lui, sauf nouvelles références, qu'on doit les défenses de la ville, dont les restes donnent aujourd'hui à Moret ce cachet d'antiquité qui fait sa légitime renommée.

Plus tard, pendant la célèbre campagne de France, en février 1814, la porte du Pont arrêta pendant quelques heures l'avant-garde Austro-Russe.

Et ces souvenirs de gloire sont les titres de noblesse de l'ancienne cité.

Au bas de la porte, en amont, sur le quai, un massif rempart ébréché, envahi de plantes parasites, dépouillé de tout aspect guerrier, couronné de maisons, d'arbres et de jardins, montre encore quelle était la puissance de Moret au moyen âge ; le lierre déborde aujourd'hui par-dessus le mur et tapisse de festons capricieux quelques tourelles décrépites, anciens boulevards permettant autrefois de défendre l'accès du fossé. Près du Pont une ouverture, c'est le trou noir d'une poterne.

Au-dessus, dominant le tout, l'église « Nostre-Dame », dont le clocher ajouré et dentelé, se dressant comme une statue gigantesque, fait penser à ces génies des *Mille et une Nuits* qui sont chargés de la garde des lieux sacrés. On est d'abord frappé des dimensions et de l'importance du toit coiffant l'édifice de son grand pli aigu, mais, peu à peu, des délicatesses se découvrent, telles ces larges fenêtres flamboyantes de rosaces, ces gracieuses ogives, ce clocheton élancé, ces contreforts fleuronnés, ces gargouilles qui se contournent en des souplesse de couleuvre, et ces mille détails des vieux monuments qui se prêtent si bien, ô flaneurs, à vos oisivés curiosités.

Et enfin, à l'extrémité du tableau, la *Grosse Tour* de Moret.

Le Donjon, toujours debout malgré les orages et les vicissitudes du temps passé, avait sous sa mouvance tous les pays environnants. Témoin muet et pourtant éloquent d'un autre âge, naguère l'orgueil de la féodalité, il ressemble, sous sa teinte grise, à un vieux bijou ciselé. Grâce à une main artiste, il a conservé ses bases robustes, sa pose solennelle, ses murs si vigoureusement cimentés ; aussi bravera-t-il longtemps encore les « injures du temps ».

Il est l'ornement naturel des jardins en terrasses qu'il surmonte, qu'il semble protéger et où planent les ombres de Jacqueline de Bueil, de galante mémoire, et du roi populaire.

Et de tout celà l'impression est si enveloppante qu'on se sent envahir de tendresse pour cette terre maternelle, si belle sous la lumière épandue et si imprégnée de souvenirs.

Et voilà comment on peut éprouver des joies rares, délicates, des émotions qui nous arrachent à nos actuelles préoccupations et nous emportent en des régions plus sereines, sans sortir de sa cité natale ni de l'horizon accoutumé.

Georges LIORET.

Indépendamment des sites admirables des bords du Loing, Moret plaît beaucoup à toutes les personnes qui le visitent par le cachet d'ancienneté que lui donnent ses portes, ses remparts, ses maisons basses et inégales, ses ruelles enchevêtrées.

Nombre d'artistes ont fixé leur résidence à Moret ou dans les environs. Tant parmi les disparus que parmi les vivants, on peut citer Rosa Bonheur, Eugène Lavieille, Lucien Falize, Antoine Guillemet, Pellenc, etc. Le peintre Sisley, dont le buste ornera prochainement le Champ-de-Mars, y vécut pendant dix-huit années.

HISTORIQUE

Moret, chef-lieu de canton de l'arrondissement de Fontainebleau, fût jadis ce qu'on appelaît « une ville close », ses remparts font foi de l'importance qu'elle avait dans les siècles passés, lorsqu'elle était une des places principales du Gâtinais.

Les historiens croient que Moret existait déjà à l'époque gallo-romaine. Ce qui est certain c'est que au VI° siècle, des combats furent livrés aux environs de la ville entre les rois Clotaire et Théodebert. En 850, Moret étaient considéré comme une ville importante. Un document de l'époque relate qu'un concile y fut tenu, où figuraient les évêques de Nevers, de Chartres et d'Orléans.

Moret fit partie du duché de Bourgogne jusqu'au XI° siècle. Philippe I°ʳ, roi de France, l'acquit en 1081 et le réunit au domaine royal. C'est alors probablement que fut plantée, sur la limite qui séparait la Bourgogne du royaume de France, une croix de pierre dont le socle se voit encore à la sortie de la ville, sur le bord de la route de Montereau ; on l'appelait la *Croix au Duc*.

En 1128, Louis VI acheta de Foulques, vicomte du Gâtinais, le château qui défendait la ville. Louis VII fit plusieurs séjours à Moret. En 1155, il y tint une assemblée pour juger un différend qui s'était élevé entre les moines et les bourgeois du Vézelay. C'est sous ce règne que l'on construisit l'Église Notre-Dame de Moret (1166), ainsi que le Prieuré de Pont-Loup.

En 1203, Philippe-Auguste, rassemblant des troupes pour combattre Jean-sans-Terre, emmena à sa suite une armée recrutée à Moret, lors d'un tournoi.

En 1420, sous le règne de Charles VI, et au plus fort de la guerre de Cent-Ans, Moret tomba au pouvoir des Anglais, grâce à la faible résistance du gouverneur, Denys de Chailly.

La ville fut reprise en 1422 ; Charles VII, prétend-on, la fortifia en 1430, l'entoura de fossés et restaura le château-fort dont il reste encore le donjon, qui lui-même date du XII° siècle.

Au commencement du règne d'Henri IV, le domaine de Moret appartenait à Sébastien Zamet, le fameux baigneur, qui, croit-on, empoisonna Gabrielle d'Estrées. Il le vendit en 1604, à Jacqueline de Bueil, maîtresse du roi, bien connue dès lors sous le nom de Comtesse de Moret.

La Révolution eut à Moret, comme partout ailleurs en France, un écho, mais un écho qui paraît assez affaibli. Le fait le plus saillant semble en être, au début, l'arrestation de Mesdames Victoire et Adélaïde, tantes de Louis XVI, se rendant en Italie pour fuir l'orage révolutionnaire.

Napoléon visita fréquemment Moret au cours de ses séjours à Fontainebleau, et le pape Pie VII, retournant à Kome après le sacre, traversa la ville au bruit du canon et des acclamations.

En 1814, Moret fut occupé par des troupes wurtembergeoises et autrichiennes faisant partie de l'armée du prince de Schwarzemberg. Le général Allix les attaqua et les chassa. Il y eut un combat assez vif à la sortie de la ville, sur la route de Montereau.

En 1815, le 19 mars, Napoléon, revenant de l'île d'Elbe, s'arrêta quelques heures à Moret. Il descendit à l'hotel de la *Belle Image* qui occupait le n° 24 de la Grande Rue. Une plaque commémorative placée sur la façade de la maison, rappelle ce fait.

Moret subit l'occupation allemande depuis le commencement de novembre 1870, à fin mars 1871.

L'Église Notre-Dame (XIIe siècle)

LES MONUMENTS

L'Église

E principal monument de Moret est sa belle église du XIIe siècle. Construite, dit-on, sous le règne de Louis VII et, suivant la tradition, consacrée, sous le vocable de Notre-Dame, patronne de la ville, en 1166, par Thomas Becket, archevêque de Cantorbéry, alors exilé en France ; c'est le monument le plus ancien de Moret.

C'est aussi un des plus beaux spécimens du style ogival. Sa forme est celle d'une croix latine.

Le portail, moins ancien que la nef, est de style ogival tertiaire ou flamboyant. Il se présente dans sa véritable orientation. Il est flanqué de quatre contreforts. Ceux de ces contreforts qui sont le plus rapprochés du centre encadrent un arc ogival dont le retrait contient quatre voussures différemment ornementées. La première est remplie par ces sortes de plantes que l'on retrouve presque toujours dans les monuments voisins de l'époque de la Renaissance. La seconde arcade contient une torsade prismatique d'un bel effet ; la troisième est ornés de festons trilobés, et la dernière répète, dans des proportions plus minimes, à peu près la même ornementation végétale que celle qui décore la première. A remarquer, du côté droit, la truie qui ronge un gland et allaite ses petits. Allusion maligne selon le goût du temps.

Le tympan est complètement à jour et formé par des ornements du style flamboyant. Les principales moulures qui partent à droite et à gauche du trumeau forment deux ogives laissant entre elles un espace en accolade.

La porte d'entrée offre deux ouvertures, séparées par un piédestal supportant une statue de la Vierge. Cette statue est moderne ; la statue primitive, mutilée en 1871, est exposée à la vénération des fidèles à l'intérieur de l'église. Sur le bord saillant du piédestal de la statue est une inscription aux trois quarts effacée, qui paraît reproduire les noms et qualités du donataire et de sa femme.

De chaque côté du portail et sous le retrait de la troisième voussure se trouvent des niches couronnées d'un dais ; elles étaient occupées par deux statues représentant : l'une sainte Anne qui instruit la sainte Vierge, l'autre saint Jean l'Evangéliste portant un calice surmonté d'une hostie. Cette dernière a été remplacée par un saint Sébastien.

Une frise ornée de feuillages s'étend entre les deux contreforts ; au-dessus d'elle se profile la balustrade d'une galerie derrière laquelle monte une large fenêtre géminée, portant à sa pointe une rosace à six lobes. Au-dessus de cette fenêtre règne une autre frise ou corniche d'où part un pignon aigu couronné d'un ange pour fleuron. Les contreforts sont ornementés sur chacune de leurs faces ; deux gouttières ou gargouilles, placées l'une à droite, l'autre à gauche, au niveau de la balustrade, projettent en avant leurs formes contournées, bizarres et fantasques, qui portent le cachet du XVI⁰ siècle.

Plus anciens que le portail sont les côtés de l'édifice qui s'y rattachent, formant cet ensemble qui nous donne un spécimen exact de l'architecture flamboyante de la fin du XV⁰ siècle, jointe et soudée à celle plus grave, plus sévère et plus pure du XII⁰ et du XIII⁰ siècle.

C'est seulement à partir du développement du transept que l'on s'aperçoit à l'extérieur de ces différents modes d'architecture concourant à former tout le monument. Le croisillon sud est terminé par une petite porte à colonnes garnies de chapiteaux à crosses. Au-dessus règne une espèce de galerie composée de quatre fenêtres ou ogives soutenues par des colonnettes en faisceaux. Plus haut, une large ouverture ogivale formant quatre divisions dont chacune se partage en deux par des meneaux cylindriques et dont le sommet est rempli par trois cercles, le plus grand placé à la partie supérieure.

Le croisillon nord reproduit à peu près la même ornementation que celui du sud et n'en diffère que par sa galerie, qui est bouchée, et par la petite porte d'entrée, qui a de plus que l'autre deux pilastres plats surmontés d'un fronton, en dehors de ses colonnettes en retrait. Cette porte à laquelle est adossé l'autel de la Sainte-Vierge est aujourd'hui condamnée.

Les fenêtres qui éclairent la partie absidiale sont décorées : celle du bas, d'une archivolte à dents de scie ; celles du haut, de fleurons et de têtes de clous. On retrouve encore le même motif de dents de scie dessiné en archivoltes et en cordons sur les murs de la nef du nord.

Les flancs de l'édifice sont soutenus par huit contreforts terminés en clochetons fleuronnés.

A l'angle formé par le transept et la basse nef du nord s'élève la tour carrée servant de clocher. Sur chacune de ses faces s'ouvrent deux baies garnies de leurs abat-sons. Ces baies sont en ogives trilobées et leurs archivoltes reposent sur des animaux chimériques. A l'angle extérieur, du côté de l'abside, est plaqué un tourillon octogone, espèce de cage d'escalier, dont la pointe conique, couronnée d'une toiture en ardoises, atteint le dessous de la balustrade de la tour. Cette balustrade, découpée à jour dans le style du XVIᵉ siècle, et au-dessus de laquelle s'élève une flèche pyramidale trop peu élancée et couverte aussi en ardoises, est flanquée, à chacun de ses angles, de pinacles fleuronnés, dont l'un fut enlevé en 1814 par un éclat de pierre parti de l'une des arches du pont, lorsque le commandant de place le fit sauter pour protéger sa retraite vers la capitale.

L'intérieur de la tour renfermait anciennement six fortes cloches d'un bel accord qui furent enlevées pendant la Révolution.

L'intérieur de l'église se compose de trois nefs, dont l'une principale ou grand'nef, les deux autres latérales et moins élevées, et toutes trois coupées par les branches du transept.

La grande nef donne accès dans les bas-côtés par quatre travées, la première en anse de panier, les trois autres en ogives aiguës, dont les tores sont supportés par un faisceau de colonnettes avec chapiteaux de différents modèles. Ces chapiteaux servent de point d'appui aux nervures de la voûte. Cette voûte dépasse 21 mètres de hauteur. La longueur totale de la grande nef jusqu'a la marche du chœur est d'environ 28 mètres, et la largeur totale de l'église, compris les bas-côtés, est de 17 m. 30. Le chœur seul a 17 m. 80 de longueur sur 7 m. 80 de largeur.

Portail de l'Église et Maison du XVe siècle

Au-dessus des grandes baies qui séparent les travées, est le *triforium,* représenté par des arcades géminées pleines ; au-dessus de ces dernières est un troisième étage de baies composé de quatre fenêtres du côté gauche, et de trois seulement du côté droit, à cause de la tribune de l'orgue. Ces fenêtres sont séparées en trois parties par des meneaux.

Les grandes ogives donnant entrée dans les bas-côtés sont surmontées d'une frise courante ornementée en partie de feuilles de chardon, au milieu desquelles on distingue un oiseau de nuit, le reste est simplement composée de divers feuillages avec crosses, dans le style du treizième siècle. Sur les colonnettes qui séparent les travées sont peintes à fresque, sur des cartouches en plâtre, des personnages qui représentent saint Pierre, saint Paul et d'autres saints paraissant être aussi des apôtres. Ces peintures au nombre de huit, et déjà bien endommagées, sont à remarquer comme de véritables raretés, à cette place et sous cette forme.

Du côté droit, au-dessus de la première arcade, se voit un buffet d'orgues, monté sur une tribune qui date de la Renaissance. Cette tribune est surmontée de sculptures on ne peut plus intéressantes par le fini du travail et la variété des dessins. Au-dessous du meuble se détache un double rang de pendentifs à figurines qui aiguillonnent la curiosité par la bizarrerie et la diversité de leurs formes. Sur les vantaux de la montre étaient peintes, d'un côté, sainte Cécile, et, de l'autre, les armes de la ville, c'est-à-dire, un écusson à fond d'azur argenté, avec une tête de nègre la vue bandée du linceul blanc, et, au-dessous de ce buste, trois fleurs de lys, signe distinctif des armes de France ; le tout surmonté d'une couronne de comte. La peinture maintenant effacée qui relevait de son coloris tout cet ensemble, devait être d'un bel effet. Mais, dans ce monument, le travail du scuplteur n'a pas, comme celui du peintre, subi l'injure du temps, et il conserve tout son cachet d'antiquité.

L'orgue qui, jadis, du haut de cette tribune, jetait ses puissants accords dans l'enceinte sacrée du temple était, d'après une tradition locale, un don du marquis de Vardes et de Jacqueline de Bueil, sa femme. Cette origine rendrait plus regrettable sa destruction. C'était un huit pieds. Pendant de longues années, les Delacourcelle, de père en fils, ont pourvu avec un soin pieux à sa conservation. L'un d'eux, organiste de l'église de Moret pendant 30 ans, et décédé en 1761, eut les honneurs de la sépulture dans le lieu saint. Le dernier organiste de cette ancienne famille, dont le nom s'est éteint en 1832, disait de son vivant : *après moi l'orgue sera condamné au silence.* Il fut malheureusement bon prophète. Le reste des tuyaux, derniers débris du vénérable instrument, furent vendus 100 francs par la fabrique, en 1870.

Au bas de l'église, du côté gauche, est une cuve baptismale en une seule pierre, ornée de chaque côté d'un cartouche à fleurs sculptées, qui accusent une œuvre du XIII° siècle.

Près du baptistère, on remarque une curieuse crédence du XVI° siècle formant piscine et servant de socle à une statue de la Vierge de la même époque.

Chaque bas-côté est éclairé par quatre fenêtres géminées, se terminant, les unes en forme de trèfles ou de lis, les autres en ogives. Mais la grande voussure est toujours ogivale et percée à jour, soit par un œil de bœuf, soit par un lis ou trèfle. Il y a quelques années, ces fenêtres ont été ornées de vitraux en mosaïque avec médaillons au milieu.

La voûte de ces bas-côtés, du sol à la clef, s'élève à une hauteur de 6 ^{m} 45 du côté gauche et 6 ^{m} 80 du côté droit.

L'aile gauche du transept, c'est-à-dire le côté nord, est terminée par un autel dédié à la Sainte-Vierge. Il se compose d'un retable en menuiserie, de style Louis XV, soutenu par deux colonnes et deux piliers plats, cannelés, ornés de chapitaux corinthiens. L'aile droite, ou côté du midi, se termine par un autel de Saint-Joseph, en bois de chêne sans ornements ; c'est l'ancien maître autel surmonté du rétable de l'ancienne chapelle de Pitié, ou se voit encadré un intéressant tableau représentant la Mère des Douleurs assise sur un nuage, le cœur percé de sept glaives, et à ses pieds un groupe de personnages suppliants ; cette toile est un *ex-voto*.

Le bas-côté droit se continue au-delà du transept et va former, parallèlement au sanctuaire, une chapelle dédiée au Sacré-Cœur.

A droite de cette même nef, en face du chœur, sont deux arcades dont l'une forme l'entrée de la sacristie et est du XVI⁰ siècle ; l'autre, fermée par une cloison qui encadre le confessionnal est du XV⁰ siècle ; la partie aujourd'hui murée par cette cloison et qui est annexée à la sacristie était auparavant une chapelle dédiée à Notre-Dame de Pitié. On remarque dans cette chapelle, au sommet ogival de la fenêtre, un reste d'une ancienne verrière représentant la Vierge tenant l'enfant Jésus. C'est, selon toute apparence, la dernière fleur d'un arbre de Jessé, riche débris d'un beau vitrail qui ornait jadis cette fenêtre.

Dans la partie de la sacristie contiguë à l'ancienne chapelle de Pitié se voient aussi de beaux restes d'anciennes verrières représentant la naissance de Jésus-Christ et les scènes de la nuit de Noël.

Parmi les curiosités de la sacristie, nous ne pouvons omettre de signaler une très ancienne porte en chêne, munie d'une vieille armature en fer forgé et d'une serrure en bois non moins curieuse, avec sa clé antique.

En face de cette porte, on en voit une autre qui attire aussi l'attention par des sculptures anciennes représentant des saints, au nombre de six, sur deux panneaux.

Le bas-côté gauche ne se prolonge pas comme l'autre, à cause de la tour, supportée par de gros murs qui rompent à cet endroit l'harmonie de l'édifice. Un tel défaut ne devait pas exister dans la construction primitive. Ce bas-côté s'arrête à la hauteur du transept. Là, une porte cintrée qui jure au millieu de toutes les belles ogives de l'église, donne entrée sous la tour et conduit à une belle chapelle où se voit un calvaire de construction moderne et formé de blocs de grès pris dans la foret de Fontainebleau. Ce calvaire, disposé avec goût, a fait donner à cette chapelle le nom de Chapelle du Calvaire ; elle sert en même temps de chapelle de catéchismes. C'était autrefois la Chapelle de Saint-Roch.

Le chœur est la partie la plus ancienne et la plus intéressante de l'église.

L'abside est assez bien conservée ; mais les deux côtés du chœur ont, par l'injure du temps, subi une détérioration considérable.

L'abside, de forme circulaire, est éclairée par trois étages de fenêtres superposées. Celles d'en bas, au nombre de trois, sont des fenêtres simples, grandes, ogivales, et ont reçu, en 1874, des vitraux peints, en exécution d'un legs du curé, M. Ytasse. Elles sont surmontées d'un cordon composé d'une série de petites têtes de clous entre deux boudins, et qui se prolonge sur les côtés du chœur.

Au second étage est le triforium. Derrière trois grandes baies rondes passe une galerie pratiquée dans l'épaisseur du mur et faisant communiquer ensemble les deux côtés de l'édifice. Sur la partie extérieure du mur sont trois grands œils de bœufs correspondant aux trois ronds vides dont nous venons de parler, et garnis de vitraux de couleur découpés en mosaïque.

Au-dessus de ce rang de fenêtres, pour les séparer de l'étage supérieur, règne une frise d'un très bel effet, composée d'une suite de trèfles et de lis alternés, et qui, comme le cordon dont il est parlé ci-dessus, se prolonge sur le côté du chœur.

Les fenêtres du haut sont également au nombre de trois, géminées, ogivales et couronnées d'un œil de bœuf. Celle du millieu est ornée d'un vitrail représentant la sainte Trinité ; les deux autres sont en mosaïque. Au bas de chacune de ces fenêtres est le buste en pierre sculptée d'un personnage difficile à distinguer. Celui du milieu a la tête couronnée et tient dans ses mains un écusson.

Sur le côté droit du chœur on voit quatre belles arcades à jour, au-dessus desquelles est le triforium formé de quatre ouvertures ogivales trigéminées, dont les parties sont séparées par deux colonnettes jumelles du plus gracieux effet. L'ogive principale de chaque fenêtre est percée d'un œil de bœuf entouré de têtes de clous et de roses alternées.

Au-dessus du triforium est un troisième rang de fenêtres séparé du second par une belle frise de trèfles et de lis alternés, qui est le prolongement de l'abside.

Les fenêtres de ce troisième étage sont géminées, et les parties sont séparées par de simples meneaux. Elles sont, comme les précédentes, surmontées d'un œil de bœuf occupant l'ogive principale et entouré, au dehors et au dedans, comme les autres ronds semblables. de clous et de roses alternés.

Les différentes travées de ce bas-côté sont séparées par d'élégantes colonnettes qui vont se perdre dans les nervures de la voûte auxquelles elles servent de base. Celle du milieu forme un faisceau de trois colonnettes, et s'élève jusqu'à la voûte sans solution de continuité. Les deux autres, à droite et à gauche de la précédente, sont simples et forment, à la hauteur du troisième rang de fenêtres, un joli chapiteau finement sculpté représentant des scènes de vendanges tout à fait à leur place dans le lieu où se célèbre le saint sacrifice, et dans un pays essentiellement vignoble.

Ces trois étages d'ogives, en même temps très régulières et très variées, avec leurs colonnes, leurs chapiteaux, leurs frises et leurs ornementations diverses, sont d'un effet grandiose.

Quant au côté gauche, composé tout entier d'un mur plein, du haut en bas, il est malheureusement condamné à rester ce qu'il est, tant qu'il supportera la tour. Cette tour, d'une construction qui, de loin comme de près, flatte agréablement le regard, date seulement du XVI⁰ siècle. Le grand mur dont nous venons de parler est lui-même d'une date relativement récente. Les traces d'ogives, de colonnes et de chapiteaux qu'on y remarque encore indiquent assez que, primitivement, ce côté était semblable à l'autre. L'époque et la cause de la construction de cette massive muraille sont inconnues. Est-elle contemporaine de la tour ? Peut-être, pour la partie qui sert à cette tour de point d'appui, et où se trouve le mieux conservées les vestiges de l'état primitif. Quant au reste, si l'on en croit une obscure tradition, il aurait été bâti à la suite d'un ébranlement considérable produit par la foudre.

Avant de détourner nos regards de cette intéressante partie de l'église, jetons-les un instant sur cette voûte élancée qui s'élève comme la nef, à prés de 22 mètres de hauteur.

De nombreuses sépultures ont eu lieu, à travers les âges, dans différents endroits du sol de l'église, comme l'attestent les pierres sépulcrales qui recouvraient ces tombes. Les plus intéressantes et les mieux conservées de ces pierres ont été enlevées, ces dernières années, et dressées contre le mur, au bas de l'église, pour préserver ce qu'il en reste des ravages du temps. La plus remarquable est celle de la marquise de Vardes, la célèbre Jacqueline de Bueil, comtesse de Moret. L'inscription qu'on y grava, quoique altérée en partie, est presque entièrement visible.

La Porte du Pont

La Porte du Pont est de forme carrée, sa principale ouverture est ogivale. Du côté de la ville, elle est percée de trois baies ou espèces de fenêtres, dont deux au-dessus de l'ogive, et une plus haut, tout à fait au millieu. Cette dernière est défendue à l'extérieur par des barreaux de fer, dont l'un a été, dit-on, tordu et allongé par la foudre. Au côté gauche de l'édifice, à l'intérieur de la ville, est une porte qui donne accès dans le monument. On y monte par un vieil escalier en pierres. L'intérieur se compose d'abord d'une salle qui servait, selon toute vraisemblance, de corps-de-garde, et dans laquelle se trouve un second escalier de pierres qui conduit à l'étage supérieur. Celui-ci se compose d'une autre salle dans laquelle se voit toujours la fameuse cage de fer *en bois*, dont une tradition fort douteuse fait remonter l'invention au cardinal La Balue, **sous** Louis XI.

Cette cage est le meuble le plus intéressant du lieu. On dit que plusieurs personnages célèbres, qu'on ne nomme pas, y furent enfermés. Cette cage, **dite de** fer, n'est pas en fer ; c'est un assemblage à clairevoie de solides madriers en chêne, reliés par des barres de fer et formant une chambre carrée, placée dans l'angle de l'appartement ; le mur tient lieu de deux côtés. Elle est d'une dimension strictement calculée pour que le prisonnier pût s'y tenir debout ou couché horizontalement. On remarque sur la muraille, tant au dehors qu'au dedans de cette étroite prison, des inscriptions et des signes, tels que les sentences de l'Écriture, diverses figures de la croix.

Porte du Pont

On ne peut s'empêcher d'attribuer ces marques de résignation, d'ennui, de confiance ou de désespoir, aux infortunés qui ont habité ce lieu de captivité. Ils recevaient l'air et la lumière soit par les interstices des barreaux, soit par une étroite ouverture pratiquée dans le mur et donnant vue sur le pont. Des dégâts que l'on remarque à la base de plusieurs pièces de bois, font croire à quelques tentatives d'évasion.

Pour visiter, s'adresser au concierge de l'hôtel de ville, qui, sur une simple demande, se fait un plaisir d'accompagner les touristes désireux de visiter cette curiosité.

Extérieurement les angles du haut de la porte sont tronqués par un commencement de tourelles en encorbellement. Entre les deux croisées du bas se voit une espèce de niche, veuve, probablement depuis longtemps, du saint ou de la vierge qui en faisait l'ornement. Le dessus de la porte est formé d'un plafond en planches qui semble remplacer la voûte primitive. La face qui regarde le pont est ouverte en forme d'ogive double pour l'entrée, de manière que celle de l'intérieur est plus basse que la première et devait servir d'appui à la herse, dont on voit encore les rainures.

Sur chaque côté de sa face extérieure sont deux pilastres fort peu saillants, surmontés chacun de cette ébauche de tourelles mentionnée plus haut.

Le tout est couronné d'un toit quadrangulaire aigu, couvert en ardoises et surmonté de deux girouettes. Il est vraisemblable que ce toit ne faisait pas partie des constructions primitives ; que cette tour, comme celle de la tête du pont, avait une plateforme à son sommet, et que les quatres petites tourelles s'élevaient en forme de guérites de pierre au-dessus de la ligne des créneaux.

La face qui se trouve en retrait des pilastres est ornée d'une ogive dont le sommet touche au bord du toit. Au milieu est une large fenêtre grillée ; au-dessous deux longues ouvertures en forme de meur-trières, ayant du servir au passage et à la manœuvre des montants qui soulevaient le pont-levis.

Cette première porte est mise en communication par la grande rue de la ville avec la seconde, appelée *Porte de Samois*. Celle-ci est en face de la précé-dente, dont elle est séparée par une distance de 300 mètres. Elle fermait l'entrée de la ville du côté de Fontainebleau. L'origine de son nom est inconnue. On l'appelait encore *Porte de Paris*.

La Porte de Samois

La porte de Samois est de même dimension que celle du pont, et n'en diffère que par quelques détails d'architecture. Elle est aussi de forme carrée, et couronnée par un toit quadrangulaire couvert en ardoises et surmonté de deux girouettes. Les deux angles en dehors, c'est-à-dire ceux du côté de Fontainebleau, sont flanqués de deux énormes contreforts carrés, supportant, chacun, à leur sommet, une tourelle qui monte jusqu'à la naissance du toit, et qui se termine elle-même par une pyramide conique couverte en ardoises. Ces deux tourelles en encorbellement sur les deux pilastres, sont soutenues par des pierres saillantes en guise de consoles. L'ouverture de la porte est en plein-cintre, et un massif de maçonnerie, de même en plein-cintre, mais plus bas, devait, comme à l'autre porte, servir de soutien à la herse, dont les deux coulisses sont encore apparentes. La partie plate est percée de quatre ouvertures, dont deux en haut, qui sont de forme allongée et paraissent être plutôt des meurtrières que des fenêtres, et deux en bas, plus étroites encore, évidemment faites pour le service du pont levis. Entre ces baies, on aperçoit les vestiges d'un ancien

écusson dont les armes sont entièrement effacées ; mais on peut distinguer encore deux anges qui servaient de supports, et les débris d'une couronne complètement mutilée. L'écusson est entouré de deux branches de laurier. C'est l'écusson des anciennes armes de Moret.

Du côté de la ville, la porte est entièrement nue, ou pour mieux dire sans contreforts ni tourelles. Elle offre aussi quatre ouvertures longues et étroites qui semblent correspondre à celles du dehors. Entre les deux plus basses est une niche dans laquelle était placée une statue de la Vierge, actuellement remisée dans les greniers de l'hôtel de ville. Sur le socle qui la supportait et qui se projette en saillie, on peut lire ces mots : *Uni stat spes beati*, et sur le dessous du culot la date de 1556. au milieu d'un cartouche sculpté dans le style de la Renaissance. Sur cette même façade, du côté gauche de la muraille, se voit un boulet incrusté dans la pierre taillée, avec cette inscription : 18 *février* 1814. C'est un des boulets que les alliés, en pleine retraite et se défendant à la manière des Parthes, lancèrent derrière eux sur Moret, en le quittant, pour aller se faire battre à Montereau.

Le Donjon

Unique reste d'un ancien château fort détruit en 1793, le donjon ou *Grosse Tour de Moret* fut, croit-on, bâti par Louis VII.

Très bien situé sur une hauteur, dominant la ville et la campagne de sa masse imposante, il fut long-temps demeure princière et même royale ; Catherine de Médicis y habita, ainsi que Jacqueline de Bueil, comtesse de Moret, et son fils, François de Vardes, le fameux courtisan. Sous Louis XIV, en 1664, il servit de prison au surintendant Fouquet. Après la Révolution il devint magasin à écorces, il est aujourd'hui habitation particulière.

Porte de Samois (XVe siècle)

Visite de la Ville

En quittant la gare, on arrive à Moret par une large et belle avenue plantée d'accacias, de marronniers et de tilleuls et bordée de chaque côté de nombreuses villas modernes. On pénètre dans la ville en passant sous la porte de Samois et on arrive dans la Grande Rue qui traverse Moret d'un bout à l'autre.

Vers le tiers de cette rue, à droite, au n° 24, se trouve une maison où Napoléon, revenant de l'île d'Elbe, passa la nuit du 19 au 20 mars 1815 ; une plaque commémorative rappelle ce fait. A gauche, une partie de l'ancien couvent des Bénédictines de Moret, servant d'hôtel de ville. Plus loin, à droite, aux n°ˢ 28, 30 et 32, trois maisons datant de la Renaissance méritent l'attention par leurs formes et les détails de leur ornementation ; celle portant le n° 30, où sont installés les bureaux de la Société Générale, est l'ancien baillage de Moret, on y lit au-dessus de l'imposte cette légende gravée dans la pierre : *Concordiâ res parvæ crescunt* (Les moindres choses prospèrent par la concorde).

Plus bas, au coin de la Grande Rue et de la rue de l'Église, une maison du XVI° siècle, dont l'unique étage surplombe au-dessus de la rue.

La rue de l'Église conduit à ce monument et à une belle maison du XV° siècle ; c'est dans cette maison que se fait et se vend le sucre d'orge tant réputé des religieuses de Moret. Après avoir visité l'église, longer la maison des religieuses et la maison de retraite et tourner à droite dans la rue du Château qui mène au donjon, dont on ne peut qu'admirer l'extérieur. Revenir sur ses pas ; remarquer en passant, sur la gauche, la plaque indicatrice de la maison où mourut le peintre A. Sisley. Descendre derrière l'église une petite ruelle, suivre la rue de la Tannerie, où aboutit cette ruelle, et l'on arrive à la porte du Pont.

Cette porte franchie on se trouve sur le pont. A droite un petit bras du Loing tombe en cascade d'un massif de verdure et baigne les pieds des remparts, bâtis par Charles VII. A gauche, une vieille maison accrochée, comme une cage, à la muraille séculaire, surplombe au-dessus de la rivière. Plus loin, sur le pont, les moulins, dont la construction remonte à l'année 1400 environ.

C'est du milieu du pont et vers l'amont que l'on peut admirer un des plus jolis tableaux de la nature, fait seulement de verdure et d'eau, mais varié de mille teintes changeant à chaque minute du jour ; ces changements perpétuels le font paraître, chaque fois qu'on lerevoit, plus admirable.

Vers le bout du pont, à droite, deux vieilles constructions basses, ce sont des moulins abandonnés qui achèvent lentement de tomber en ruine, car une piété artistique les préserve de la pioche des démolisseurs. A quelques mètres plus Loin et formant contraste, un élégant castel tout neuf, dans une situation fort enviée. Ce n'est pas la demeure du meunier Sans-Souci, mais c'est tout de même celle d'un meunier.

Plus loin, à l'entrée du faubourg et derrière cette belle demeure, une vieille tour dont le pied baigne dans le Loing et une partie de rempart contenant

une large baie à plein centre enfermant une porte en
ogive ; c'est un reste de l'ancienne tête de pont, formant poste avancé pour la défense de la ville.

Vers le tiers du faubourg du Pont, à droite, l'ancienne église du Prieuré du Pont-Loup, dont la
construction paraît être du XIIe siècle. Cette église
sert aujourd'hui de remise.

Au bout du faubourg, le canal du Loing, construit
en 1716 par ordre du régent de France, oncle de
Louis XV.

En suivant la berge gauche du canal, on arrive à
la route de Saint-Mammès qui ramène à la place du
Pont ; traversant à nouveau le pont, on rentre dans
la Grande Rue et l'on prend, à droite, la rue de la
Pêcherie. Dans cette rue, tout de suite à droite, une
poterne donnant accès sur les bords du Loing que
l'on peut suivre jusqu'à son confluent. En continuant
à suivre la rue de la Pêcherie ou en suivant les bords
du Loing, en longeant les vieux remparts, on arrive
au port et au Champ-de-Mars. A droite de cette
place, belle promenade ombragée bordée par les
remparts : à gauche, le monument Sisley et le kiosque
de musique. En suivant le Champ-de-Mars on revient
à la place et à la porte de Samois et dans la Grande
Rue, d'où par les rues adjacentes on peut visiter les
parties secondaires de la ville.

Commerce, Industrie, Agriculture, Sociétés

Ainsi qu'on peut le constater en visitant la ville, toutes les branches du commerce sont convenablement représentées à Moret, par de nombreux commerçants bien installés et bien approvisionnés, et pouvant, en tous points, répondre aux besoins de la riche clientèle estivale.

Un grand marché a lieu tous les mardis dans les rues de l'Église et du Puits-du-Four ; un petit marché au poisson et aux fruits a lieu également le vendredi et le dimanche, rue de l'Église et Grande Rue.

Moret a deux foires annuelles : une le 2ᵉ lundi de septembre, lendemain de la fête patronale, et l'autre le 6 décembre.

L'industrie à Moret est toute locale, seule une usine de liège comprimé et façonné, récemment installée sur la route de Saint-Mammès, au bord du canal, expédie au loin ses produits.

L'agriculture, reine et maîtresse autrefois de la ville et de la campagne, est encore aujourd'hui largement représentée par de nombreux cultivateurs-vignerons, dont les champs et les vignobles entourent la ville.

Moret est le siège du Syndicat du Commerce, de l'Industrie et de l'Agriculture du canton, formé par la majorité des commerçants, industriels et agriculteurs, groupés pour la défense générale de leurs intérêts et la recherche des améliorations de toute nature.

Comme toute ville moderne, Moret possède une société musicale, la *Fanfare de Moret* ; une subdivision de sapeurs-pompiers ; une société de secours mutuels ; une société de pêche à la ligne, *la Truite* ; une société mixte de tir, *la Morétaine*, et une société de sports, *l'Union Sportive Morétaine*.

SPÉCIALITÉ

omme beaucoup de villes anciennes, Moret possède une délicieuse spécialité dont la renommée est aujourd'hui universelle et sans égale.

C'est le *Sucre d'Orge des Religieuses de Moret.*

Ce sucre d'orge, qui est connu et apprécié depuis 250 ans, était fabriqué primitivement par les Religieuses Bénédictines qui, en 1638, avaient fondé une maison à Moret, sous le nom de *Prieuré de Notre. Dame des Anges.*

Grâce à l'un de ces procédés secrets que l'on rencontre si fréquemment dans les couvents, où la tradition s'en conserve sans jamais transpirer au dehors, les religieuses parvinrent à résoudre le problème délicat de l'assimilation de l'orge au sucre, sans que celui-ci perde pour cela son brillant et sa couleur d'or.

Elle obtinrent ainsi un bonbon dont la finesse, l'arôme et la vertu bienfaisante sont incontestables.

Le Sucre d'orge des Religieuses de Moret se fit bien vite une renommé, pénétra jusqu'à la Cour et valut à la communauté des Bénédictines la faveur de Louis XIV et de Mme de Maintenon.

Au moment de la tourmente révolutionnaire, les religieuses furent dispersées, et l'on put croire le célèbre secret à jamais perdu.

Napoléon Ier, passant à Moret, manifesta le désir de goûter au sucre d'orge, dont le souvenir était demeuré vivant. En vain lui fut-il répondu que le secret de la fabrication avait subi le sort des pauvres religieuses dispersées, l'Empereur maintint sa demande. Et c'est à ce royal caprice que nous sommes redevables aujourd'hui de la résurrection de cette intéressante fabrication.

Comme par miracle, en effet, on retrouva une des rares survivantes de l'ancien couvent de Moret, la sœur *Félicité,* qui fabriquait encore le célèbre produit pour elle et quelques amies. Elle put ainsi satisfaire le désir de l'Empereur, qui récompensa en roi la religieuse alors dans la détresse.

A la mort de Sœur *Félicité,* on put croire le secret fameux pour jamais enseveli avec elle. Fort heureusement, il n'en fut rien.

Une ancienne compagne des Bénédictines de Moret, Mademoiselle Bérault, qui avait jadis travaillé avec elles, put, en rassemblant ses souvenirs, reconstituer la précieuse formule.

Vers 1853, une communauté de religieuses de Saint-Vincent-de-Paul étant venue s'établir à Moret, Mademoiselle Bérault leur fournit toutes les indications nécessaires à la fabrication du bonbon précieux.

Mais ce travail était extrêmement pénible. La manipulation continuelle de la pâte occasionnait aux pauvres sœurs des durillons, des ampoules fort douloureuses. D'autre part, la production était trop restreinte pour satisfaire aux commandes qui, chaque jour, allait se multipliant.

Un généreux philantrophe, M. Desmarais, ancien négociant au Brésil, leur fit don d'un outillage mécanique complet.

Depuis lors, ces excellentes religieuses n'ont cessé de travailler à l'extension de leur modeste industrie, dont le produit tout entier est consacré au développement des œuvres charitables.

Elles sont d'ailleurs dignement récompensées de leurs généreux efforts par la faveur sans cesse croissante dont jouit leur succulent produit ; faveur bien méritée pour quiconque a pu en apprécier la saveur et les bienfaisantes qualités.

C'est ainsi que les sœurs de la charité sont devenues les uniques dépositaires de ce secret de la bienfaisance et propriétaires de cette industrie de la charité. Elles continuent, depuis lors, la reproduction authentique de ce bonbon recherché, qui réalise pour le palais le vœu du poète pour les œuvres de l'esprit : *utile dulci,* l'utile joint à l'agréable. Suave au goût, doux à la gorge et fortifiant à l'estomac, il est devenu par la variété de ses formes et la diversité des boîtes qui le contiennent, accessible a toutes les bourses, et il a sur les sucreries de même nature, outre la finesse de son parfum, l'avantage de se conserver longtemps, surtout dans les boîtes artistiques hermétiquement fermées. Ces boites seules sont un souvenir local par les jolies peintures qui leur servent de décoration.

On pourrait sans hyperbole appeler ce sucre d'orge *le bonbon princier.* Que de fois, depuis Louis XIV et Napoléon Ier, n'a-t-on pas vu des princes et des princesses, des notabilités de toute sorte et même des têtes couronnées, venir, la bonbonnière à la main, visiter l'humble atelier des religieuses de Moret ! D'illustres touristes, qui avaient passé sans s'arrêter devant la maison de la célèbre artiste Rosa Bonheur, honorèrent de leur présence le modeste laboratoire où les pieuses filles de Saint-Vincent-de-Paul fabriquent leurs berlingots si renommés.

A titre d'œuvre de charité, l'industrie des bonnes religieuses s'honora souvent de la faveur et de la visite des plus hautes sommités écclésiastiques.

Ajoutons que maintenant, à Rome comme à Paris, le sucre d'orge des religieuses de Moret est d'un usage habituel comme remède des maux de gorge, et comme préservatif de la laryngite des prédicateurs. Aussi, ce précieux bonbon a-t-il ses entrées libres partout où fleurit l'art de l'éloquence et de la déclamation : à la tribune, au barreau, au théâtre, etc.

C'est moins par l'effet de la réclame que par l'excellence de ce produit, comme il est dit dans l'histoire de Moret, que la réputation de ce bonbon exquis, portée sur l'aile de la renommée, est arrivée, pour ainsi dire, jusqu'aux confins du monde ; et les touristes sans nombre qui, dans la belle saison, visitent la petite ville de Moret, ses antiquités, ses monuments, son église, ses alentours, son ravissant paysage, ne la quittent point sans emporter dans leur valise quelques boîtes de cette délicieuse panacée, bienfaisante aux riches comme aux pauvres, connue sous le nom de *Sucre d'Orge des Religieuses de Moret*.

Ce sucre d'orge avait déjà, de longue date, son historien ; il venait de trouver sa seconde fondatrice et son artiste décorateur, M. Lesage. Ce qui lui manquait encore, c'était son chantre lyrique. La providence s'empressa d'y pourvoir. Elle conduisit à Moret un virtuose qui, épris de ce qu'il voyait, touchait et savourait, se hâta d'accorder sa lyre et fit surgir de ses cordes vibrantes cette cantate gaie, harmonieuse et naïve :

AUX TOURISTES

Las du bruit et de la poussière,
Lorsque vous irez à Moret
Pour y pêcher dans la rivière,
Pour y rêver dans la forêt,

Vous verrez auprès de l'église,
Frappant vos regards étonnés,
Au coin d'un mur, pour qu'on les lise,
Ces mots : « Sucre d'orge... » — Sonnez !

Et voici que, faisant sourire
Ses yeux intelligents et bons,
Une Sœur vient pour vous conduire
Dans un paradis de bonbons.

« Berlingots » aux formes changeantes,
« Bâtons » de sucre au caramel,
Toutes ces douceurs alléchantes
Sont comme un avant-goût du Ciel...

Jusqu'aux boîtes dont un artiste (1)
Fit la vogue en y dessinant
Ce pont du Loing, cher au touriste,
Et tout le site environnant.

Soyez prodigues à l'extrême,
Et sans crainte des châtiments,
Si vous voulez que Dieu vous aime,
Laissez-vous tenter, ô gourmands !

Car c'est l'œuvre mystérieuse,
— Mystère exquis et sans effroi —
D'une obscure Religieuse
Qui vivait au temps du Grand Roi.

------

(1) M. Lesage Georges.

Moret n'a-t-il pas son « histoire »
Fidèle au moindre souvenir ?
— Livre d'or écrit à sa gloire
Par une main qui sait bénir (1) ;

Nobles pages où l'auteur cite
Plus d'une Reine avec sa Cour
Venant aux Sœurs rendre visite.
— Suivez l'exemple à votre tour !

Venez chercher du Sucre d'orge ;
La vertu s'en révèle au goût :
Bon pour l'estomac, pour la gorge,
Il est doux aux pauvres surtout.

E. D. de M.

____

(1) *L'antique et royale cité de Moret*, par l'Abbé POUGEOIS.

Vue d'ensemble

Renseignements Généraux

Maire : M. G. Lioret, ✻, Conseiller Général, Président de la Société de Secours Mutuels, Président du Syndicat du Commerce et de l'Industrie du Canton de Moret, Président de la Fanfare de Moret.

Adjoint : M. Provencher, minotier, Vice-Président du Syndicat du Commerce et de l'Industrie.

Conseiller municipaux : Barbier Félix, Bilbault Simon, Bray Louis-Étienne, Bouquot Ernest, Chamaillard Louis, Chénoy Gustave, Gascoin Isidore, Laprée H., Martin Antoine, Paupardin Alexandre, Pivot Henri, Rabotin Émile, Saulnier, Turpin Émile.

Secrétaire de Mairie : M. Labourel, ☘, Président de la Société Mixte de Tir.

Chef de la Fanfare : M. Eugène Tolin, ☘, tapissier.

Président de la Société de Pêche : M. de Bréqueville, receveur de l'Enregistrement en retraite.

Curé : M. l'Abbé Sauvage, doyen (1ʳᵉ classe) ;

Président de la Société Sportive : M. A. Bellier, avocat-conseil, délégué du T. C. F.

Officier de Pompiers : M. Gillon, entrepreneur de serrurerie.

Médecins : MM. Restif, Vallée, Piffault.

BUREAU DE POSTE, TÉLÉGRAPHE, TÉLÉPHONE

Rue Moineau. — Receveuse, Mᵐᵉ Piffault

Ouvert : en été, de 7 heures du matin à midi et de 2 à 7 heures du soir ; en hiver, ouvert à 8 heures du matin. Les dimanches et fêtes, le bureau est fermé à 10 heures du matin en été et à 11 heures en hiver.

Heures de départ des courriers pour : matin

Saint-Mammès. . . . . 4 h. 45
Montigny, Paris - Auxerre . . . . 6 h. 55
Dijon à Paris, Fontainebleau, Montereau,
　Nevers. . . . . 12 h. 25
Paris-Gare de Lyon, Paris-Troyes, Recette soir
　princip[lo], Montereau, St-Mammès, Melun 3 h. 15
Laroche à Dijon, Paris - Gare de Lyon,
　Paris-Creusot, Nevers à Paris. . . . . 7 h. 10
Paris-Gare de Lyon, Melun, Fontainebleau 9 h. 15
Clamecy-Paris, Nevers, Montigny, Paris-
　Clamecy. . . . . 11 h. 15

Les levées des lettres au bureau se font 10 minutes
avant le départ de chaque courrier.

Heures de levées des boîtes en ville :

Place de Samois : 8 h. 45 et 11 h. 10 matin, 7 h. soir.
Place du Pont : 8 h. matin, midi et 7 h. 1/2 soir.
Pont de Bourgogne : 8 h. 15 matin, midi et 7 h. 20 s.

Distribution des courriers venant de :

Clamecy à Paris, Paris à Nevers, Gare de matin
　Lyon, Melun, Fontainebleau. . . . . . . 6 h. »
　En hiver, cette distribution a lieu à. . . 7 h. »
Paris - Recette principale, Gare de Lyon,
　Nevers à Paris, Paris-Auxerre, Melun,
　Fontainebleau . . . . 10 h. 20
Montargis, Dijon à Paris, Montigny, Paris soir
　à Marseille. . . . . 6 h. 20
　En hiver, pour les Sablons, distribution à 2 h. 15
Lyon à Paris, Paris-Recette principale,
　Montargis à Paris, Melun, Fontainebleau 6 h. 20

Les dimanches et fêtes, une seule distribution le
matin à 6 heures, et une seule levée à 8 heures.

LES SITES

ES sites de Moret et des environs immé-
diats sont aussi nombreux que variés,
Moret se trouvant entouré de toutes
parts de coteaux élevés.

Aprés avoir visité la ville, le touriste peut, à son
choix, prendre l'une quelconque des routes condui-
sant aux environs, chacune lui offre un site, sinon
plusieurs, différent de tous les autres.

Sur la route de Montigny, à la hauteur et sur
l'aqueduc même des eaux de la Vanne, servant de
passerelle au-dessus du chemin de fer, on découvre
en un magnifique panorama la vallée du Loing, les
villages d'Épisy et d'Écuelles, Moret, la vallée de la
Seine, la commune des Sablons-Veneux et la forêt de
Fontainebleau.

Sur la route de Montereau, faisant suite au faubourg et au pont du canal, en haut d'une petite côte
on domine à nouveau l'ensemble de la ville et des
hauteurs, le village d'Écuelles, et presqu'au pied de
la côte, sur la gauche en regardant Moret, « l'étang
de Moret », superbe pièce d'eau très poissonneuse,
alimentée et traversée par la rivière l'Orvanne,
propriété de M. Thirion, inventeur de pompes industrielles, dont la demeure s'élève sur le bord de
l'étang.

Route de Saint-Mammès, au pont du canal : à
droite, double rangée de hauts peupliers abritant le

canal même ; à gauche, le Loing coulant, spacieux, vers la Seine et passant sous son dernier pont, le viaduc de Saint-Mammès.

Faisant suite au pont du canal, un sentier de chèvre conduit au « Calvaire », point élevé le plus rapproché de la ville d'où on la découvre entièrement.

Sur la route de Veneux à By-Thomery, à la hauteur des premières villas de Veneux : un magnifique panorama de Saint-Mammés, la Seine et Champagne.

10 EXCURSIONS

aux Environs de Moret

DE Moret, soit à pied soit à bicyclette, on peut faire de très hygiéniques excursions dans les environs. Voici les principales :

1. — Moret, Saint-Mammès, traverser la Seine, joli point de vue, Champagne, traverser la Seine au pont de Champagne, Thomery, Effondré, gare de Thomery, Croix de Montmorin, les Sablons, Moret. **15** kil.

2. — Même parcours que ci-dessus jusqu'à la Croix de Montmorin, puis Croix du Grand-Maître, tourner à gauche, route de Sorques, Sorques, Épisy, Écuelles, Moret. — **28** kil.

3. — Même parcours que ci-dessus jusqu'à Champagne, tourner a droite, traverser le passage à niveau, côte de Champagne, joli point de vue sur la Seine, bois de Champagne, en haut de la côte, tourner à droite sur la route de Provins, 3 kil. sur cette route, tourner à droite, descendre par la côte du château de Graville, la Thurelle, la Celle-sur-Seine, tourner à droite, suivre la Seine, la traverser au pont de Saint-Mammès, Saint-Mammès, Moret. **20** kil.

4. — Moret, Saint-Mammès, la Celle, Vernou, la Grande-Paroise, Montereau, le Petit-Fossard, Froidefontaine (château), Moret. — **30** kil.

5 — Moret, les Sablons, Veneux-Nadon, By, Fontainebleau, retour à Moret par la grande route. — **25** kil.

6. — Moret, Écuelles, Épisy, La Genevraye, Grez, (pont ancien sur le Loing), Marlotte, Montigny, Sorques, Moret. — **28** kil.

7. — Moret, Écuelles, Épisy, La Genevraye, Moncourt, Fromonville, Nemours, Larchant (vieille église en ruines), Villers-sous-Grez, Bourron, Marlotte, Montigny, Sorques, Moret. — **45** kil.

8. — Moret, Sorques, Montigny, Marlotte, route de Fontainebleau, Mare aux Fées, Gorge aux Loups, Carrefour de Marlotte, Croix du Grand-Maître, Croix de Montmorin, Les Sablons, Moret. — **25** kil.

9. — Moret, Fontainebleau, route de Paris, route du Bouquet-du-Roi, route Ronde, Franchard, route Ronde, Champ de tir, Mare aux Corneilles, Croix de Souvray, Mare du Parc-aux-Bœufs, Croix de Saint-Hérem, Carrefour de Marlotte, Croix du Grand-Maître, Croix de Montmorin, Moret. — **38** kil.

10. — Moret, Veneux-Nadon, By, Basses-Loges, les Plâtreries, Pont de Valvins, Vulaines, Champagne, Saint-Mammès, Moret. — **28** kil.

CARTE DES ENVIRONS DE MORET

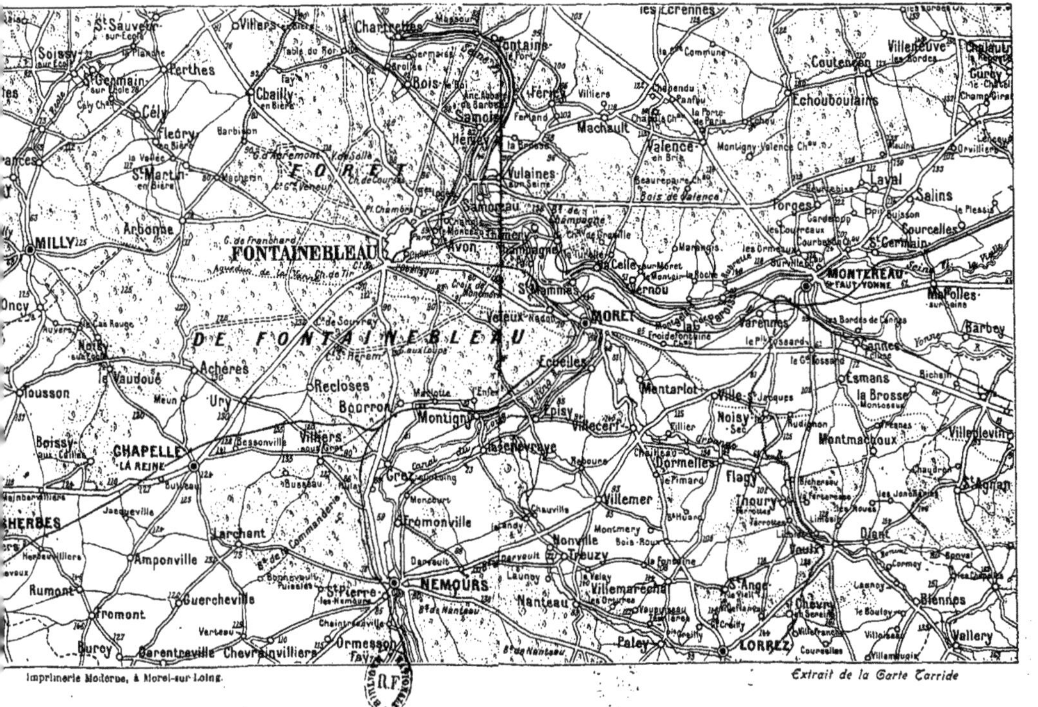

Imprimerie Moderne, à Moret-sur-Loing.

Extrait de la Carte Tarride

CONCLUSION

Il n'est pas de touristes ayant séjourné dans Moret le temps de le connaître et de l'apprécier, qui ne s'en aille enchanté de son séjour et en faisant des vœux pour sa prospérité.

On ne saurait lui en faire de meilleurs.

Cependant on peut encore souhaiter que dans son développement naturel et progressif, cette charmante petite ville ne perde pas son cachet artistique tout spécial, et que les personnes qui sont ou seront appelées à présider à ses transformations n'oublient pas ce point de vue.

Quant aux améliorations particulières, facilement et promptement réalisables — qui permettraient aux touristes ravis d'ajouter à leurs vœux, en serrant la main de leurs hôtes : « Nous reviendrons à Moret et nous y enverrons nos amis » — c'est aux particuliers à les rechercher et à ne pas hésiter à les réaliser, ils y trouveront gains et profits.

Je serais heureux si ce modeste *guide* pouvait contribuer à leur donner l'élan.

H. BELLANGER.

Maisons

recommandées

de Moret

Imprimerie Moderne de Moret

H. BELLANGER

5, Place du Pont

Typographie, Lithographie,

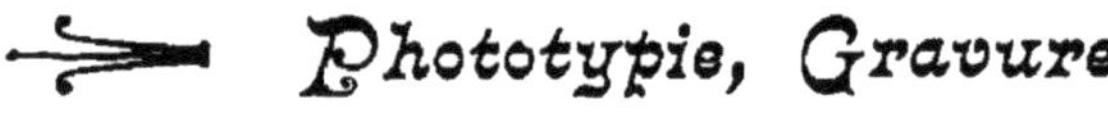 *Phototypie, Gravure*

LIBRAIRIE * PAPETERIE * RELIURE

Articles de Bureau

Éditions Commerciales et Particulières
de Cartes Postales

Papiers à Lettres * Cartes Correspondance
Cartes de Visite
illustrées
des Vues de MORET et des Environs

CRÉATIONS DE LA MAISON

MARQUE DÉPOSÉE

Etude et création de Modèles en tous genres, sur demande

9 782019 231934